RÉPUBLIQUE FRANÇAISE
LIBERTÉ — ÉGALITÉ — FRATERNITÉ

COMMUNE DE SAINT-OUEN-SUR-SEINE

INSTRUCTIONS

SUR LES MESURES A PRENDRE

CONTRE LES

MALADIES CONTAGIEUSES

> La santé du peuple constitue un problème
> social qui prime tous les autres.
> BEACONSFIELD.

Communication de M. le Dr L. D. L.

PARIS
IMPRIMERIE CHAIX
Rue Bergère, 20.
1887

RÉPUBLIQUE FRANÇAISE
LIBERTÉ — ÉGALITÉ — FRATERNITÉ

COMMUNE DE SAINT-OUEN-SUR-SEINE

INSTRUCTIONS

SUR LES MESURES A PRENDRE

CONTRE LES MALADIES CONTAGIEUSES

Le Conseil municipal de Saint-Ouen, ému par les nombreux cas de fièvre typhoïde qui ont frappé cette année la population de la commune, porte à la connaissance du public les mesures hygiéniques relatives aux maladies contagieuses.

Il engage les pères et les mères de famille à bien lire et à bien appliquer les prescriptions ci-après pour se préserver eux et leurs enfants des maladies contagieuses qui font tant de victimes et qu'on peut vaincre par une rigoureuse application des lois de l'hygiène. Il a décidé cette publication, espérant que la population en tirera de grands avantages et en comprendra tout l'intérêt.

Notes communiquées par M. le Dr L. D. L.

Considérations générales et quels résultats on obtient par l'hygiène.

La vulgarisation de l'hygiène, l'application de rigoureuses désinfections publiques est une nécessité de notre époque. Après les quelques chiffres qui suivent pour démontrer la valeur de la vie humaine, on comprendra combien la vie est nécessaire à la famille et à la patrie. La vie humaine a une valeur économique énorme et on peut évaluer la valeur de la vie humaine, comme on sait dans l'industrie le rendement d'une machine. Il coûte évidemment de traiter la vie humaine comme une simple marchandise, mais il y a des réserves à faire. La vie humaine n'a pas de prix quand on l'envisage sous son côté moral et intellectuel, la vie d'un bienfaiteur de l'humanité se chiffrant par millions, en opposition avec la vie d'un malhonnête homme. Mais à côté de cette valeur morale ou intellectuelle, la vie a une cote toute matérielle et c'est celle que nous avons en vue. En faisant le total de toutes les vies humaines qui composent la France, on trouve qu'elles sont équivalentes à 41,321,236,556 francs. D'après cette donnée, les 858,237 décès de l'année 1880, prise comme moyenne, — parce que cette année-là il n'y a pas eu d'épidémie meurtrière ayant augmenté le chiffre des décès, — représentent une perte de 940,686,444 francs. En y joignant les frais de sépulture et de maladies, en comptant les journées de travail perdues, on arrive largement au milliard. Si on pouvait diminuer seulement d'un dixième cette mortalité, on réaliserait annuellement une économie de 100 millions, et il faut être reconnaissant au docteur Rochard, l'éminent hygiéniste, d'avoir cherché à baser sur des chiffres la valeur économique de la vie humaine en France, et de se faire l'ardent propagateur de tout ce qui peut diminuer la maladie et la mortalité.

Eh bien ! on peut aller même au delà de ce dixième. Presque toutes les maladies qui déciment la population sont des maladies contagieuses, et du moment où une maladie est transmissible d'homme à homme, on peut arrêter cette transmission. La fièvre typhoïde, dont nous nous occuperons particulièrement, enlève dans les armées européennes un total de vies égal à 31 millions et (dans la population civile) égal à 101 millions. Il est cependant certain qu'on peut chasser cette terrible maladie qui, à Paris, tient le quatrième rang comme mortalité générale avec 8,000 décès en cinq ans. L'importance des sacrifices qu'il faut faire pour l'annihiler ou au moins la diminuer sera largement dépassée par les résultats obtenus.

Examinons rapidement quels sont les résultats généraux obtenus dans les pays où le gouvernement et les corps constitués ou élus tiennent la main à l'application de l'hygiène. En Angleterre, d'après les rapports officiels, les affections contagieuses ont considérablement diminué dans ces dix dernières années. La mortalité par petite vérole n'a cessé de s'abaisser. Pour la scarlatine, la mortalité qui était de 900 par million, il y a dix ans, est tombée à 716 ; la rougeole n'a fait que 378 victimes au lieu de 440. La mortalité par fièvre typhoïde est tombée de 45 0/0, *près de la moitié en moins*. Les chiffres officiels belges, hollandais, allemands, accusent une décroissance à peu près équivalente. Ce qui prouve que ces pays se sont engagés dans la bonne voie et tout y fait espérer que l'amélioration s'accentuera encore. Tels sont les bienfaits de l'hygiène, et il serait plus que nécessaire qu'en France on entrât franchement dans la voie de sérieuses réformes. Il faut que le gouvernement et surtout les corps élus, les municipalités, fassent à la population et à la santé publique toutes les avances dont elle a un impérieux besoin, et qu'ils mettent en pratique cette idée de Stuart Mill, le grand économiste anglais : *On s'occupe toujours des malades, si on s'occupait un peu plus des gens en bonne santé*, ce que, pour notre part, nous n'avons pas hésité à faire. En ce moment, où la diminution de la population française préoccupe à juste titre les savants, les hygiénistes et tous ceux qui aiment leur pays; diminution telle, que si elle continue avec la même progression, dans 300 ans, il n'y aura plus de France et qu'elle nous mettra bientôt dans des conditions numériques désastreuses, au point de vue économique et militaire, au voisinage de nombreux et puissants voisins; il y a un réel et fructueux patriotisme à rechercher tous les moyens d'empêcher la maladie et la mort. En apprenant à nos concitoyens à être moins malades et à moins mourir, nous avons pensé que c'était un des moyens les plus certains de leur montrer que nous les aimons et nous intéressons à leur sort. Empêcher l'enfant en bas âge de mourir, empêcher le père et la mère de famille d'être malades et de succomber, c'est conserver les forces vives du pays et c'est bien mériter de notre patrie que de chercher à lui garder ses enfants, ses défenseurs qui ne seront jamais trop pour la faire prévaloir dans la paix et la défendre au moment du danger.

De ce que nous venons d'exposer, il se dégage les trois propositions suivantes :

1° Toute dépense faite au nom de l'hygiène est une économie;

2° Rien n'est plus dispendieux que la maladie, si ce n'est la mort;

3° Pour les sociétés, le gaspillage de la vie humaine est le plus ruineux de tous.

Après ces quelques considérations qui prouvent toute la valeur de la vie humaine et les résultats généraux qu'on peut obtenir par l'hygiène, nous entrerons dans le vif de la question et nous étudierons sommairement, mais aussi complètement que possible, l'état sanitaire de notre commune, en nous basant sur nos recherches à ce sujet. Nous parlerons surtout de la fièvre typhoïde et de la phthisie pulmonaire, sans laisser de côté les autres maladies contagieuses, toutes maladies qui font de si nombreuses victimes en France, en général, et dans nos milieux ouvriers et populeux en particulier.

II. — Fièvre typhoïde.

Depuis cinq ans nous avons vu la fièvre typhoïde renaître à peu près toujours dans les mêmes maisons et les mêmes quartiers à époque périodique (juillet, août, septembre, jusqu'aux premières gelées). La plupart des maisons, foyers de fièvre typhoïde, sont à peu d'exceptions près, malsaines à tous points de vue et les habitants y vivent malheureusement dans l'encombrement et la malpropreté. Quels sont les gens les plus frappés? Ce sont les nouveaux arrivés dans la commune, et ce qui prouve bien qu'il y a des germes inhérents au sol qui y sommeillent pour se réveiller au moment des premières chaleurs, c'est que nous avons vu maintes fois des familles, nouvellement arrivées de Paris et d'ailleurs où elles étaient restées indemnes, contracter ici la maladie et plusieurs de leurs membres en mourir.

L'agent infectieux de cette maladie, un microbe infiniment petit, est à rechercher.

1° Dans l'eau d'alimentation venant de cours d'eau pollués, de sous-sols et de puits infectés. Les gens pauvres boivent de cette eau sans aucune précaution de filtration ou d'ébullition et paient le plus lourd tribut à la maladie.

2° Dans les matières fécales et déjections des malades, qui sont d'autant plus nuisibles qu'elles ont subi une fermentation dans les fosses ou sur les linges restés longtemps exposés dans les appartements ou bien qu'elles ont séjourné dans des égouts mal construits et mal nettoyés.

3° Dans la décomposition rapide des excréments favorisée par la chaleur, la stagnation et le manque de renouvellement d'air dans les habitations.

L'étude de toutes les épidémies donne raison à ces trois

modes de propagation de la maladie, et l'influence de l'eau d'alimentation comme cause productrice a été démontrée victorieusement.

A Mayence, en 1884, des groupes de maisons pourvus d'eau pure sont épargnés et d'autres groupes, alimentés d'eau suspecte, sont frappés par le fléau.

Dans l'épidémie qui frappe le 12e chasseurs, à Rouen, en 1885, dans celle qui s'abat sur la garnison de Compiègne, en 1886, dans celle de Zurich, en 1885, toujours l'eau a été justement incriminée. Dans les nombreux cas de fièvre typhoïde qu'on observe dans notre localité, l'eau paraît toujours jouer le rôle principal, indépendamment de toutes les conditions de misère, d'excès, de privations, de logements qui prédisposent certainement à la fièvre typhoïde comme à toutes les maladies : c'est l'eau de la Seine ou de puits ou de conduites subissant les infiltrations de fosses défectueuses, non étanches, irrégulièrement et mal vidées, jamais désinfectées. En 1885, après la fonte de la neige qui couvrit le sol pendant plusieurs jours, trois enfants et une jeune fille furent atteints de fièvre typhoïde après trois grands mois d'extinction apparente de la maladie dans le pays. Ces quatre cas éclatèrent dans les quartiers les plus pauvres, les plus malsains où les détritus de toute sorte sont jetés à la voie publique et dans des maisons alimentées d'eau par des puits venant de subir les infiltrations causées par la fonte de la neige. Les habitants ne font usage que de cette eau et il faut noter ce fait très important que, depuis cinq ans, chaque année, il y a des cas de fièvre typhoïde dans ces maisons. Il y a donc une nécessité absolue à détruire sur place les germes de la maladie avant qu'ils aient passé dans le sol d'où ils sont portés dans l'eau que nous buvons.

C'est une épidémie observée à Pierrefonds, en 1886, qui a conduit à chercher la preuve matérielle de la nocuité des eaux polluées. Pendant les mois d'août et de septembre 1886, 23 personnes de Paris ou de Versailles vinrent habiter Pierrefonds dans trois maisons contiguës. Vingt d'entre elles eurent la fièvre typhoïde *(20 sur 23)* et 4 appartenant à la famille d'un haut fonctionnaire de l'Université succombèrent, trois jeunes filles de 15, 20 et 23 ans et la domestique de 20 ans. De 1874 à 1883, d'après le rapport de M. le professeur Brouardel, à qui nous empruntons ces faits, le groupe de maisons avait été visité cinq fois par la fièvre typhoïde. Or, ces maisons sont alimentées par une eau qui passe au-dessous des fosses d'aisances ou longe leurs parois. Ces fosses ne sont pas étanches et l'une d'elles, commune à deux des maisons infectées, n'avait pas été vidée depuis trente ans. Les puits qui alimentent d'eau ces maisons sont distants de cette fosse, l'un de 9 mètres, l'autre de 20, et sont placés à $1^m,70$ au-dessous du niveau de la fosse. De plus, le terrain est sableux, perméable comme une éponge, et le voisinage des puits et des fosses assure un mélange permanent de matières avec l'eau d'alimentation. Une coutume locale vient encore augmenter les dangers : on conduit directement dans ces fosses perméables l'eau qui tombe des toitures, de sorte qu'après les pluies abondantes l'eau envahit les fosses, dilue les matières et les entraîne dans le terrain sableux environnant et les puits qui y sont creusés. On a songé à chercher quel était l'agent dangereux de cette eau de puits et on a trouvé, pour un litre d'eau, 25,000 microbes absolument identiques à ceux qu'on voit dans le sang et la rate des gens atteints de fièvre typhoïde. La preuve est donc *irréfutable*. A la fin de 1886, une épidémie éclate à Clermont-Ferrand, et les mêmes microbes sont retrouvés dans l'eau d'alimentation. La coïncidence des épidémies de fièvre typhoïde à Paris avec la distribution d'eau de Seine dans les réservoirs est particulièrement instructive, cette introduction d'eau polluée coûtant chaque fois la vie à un certain nombre de Parisiens. *(Docteurs Vidal et Chantemesse.)*

Les conditions que nous venons de signaler pour Pierrefonds, Clermont et Paris sont absolument les mêmes pour Saint-Ouen, ce qui explique chez nous l'extrême fréquence de la fièvre typhoïde. Cette fièvre disparaît ou diminue avec la qualité de l'eau, avec la propreté des habitants, l'aération des maisons et des villes. Dans toutes les maisons où la fièvre typhoïde refait régulièrement son apparition, nous avons toujours constaté l'existence de fosses et latrines entièrement mauvaises, répandant dans les escaliers et les logements des odeurs insupportables. *Donner de l'eau pure aux habitants, forcer les propriétaires à avoir des fosses étanches sont des mesures urgentes à prendre.* Dans soixante villes d'Allemagne et particulièrement à Gotha, Halle, Dantzig, où ces mesures ont été prises, la fièvre typhoïde y a disparu ou considérablement diminué. En 1884, en 1885, Saint-Ouen est visitée par la fièvre typhoïde; en 1886, la maladie semble s'éteindre et ne présente que quelques cas, mais cette année les germes se réveillent, frappent çà et là indistinctement de nombreuses familles dans tous les quartiers, ce qui prouve que les germes sont répandus partout et qu'il faut les tuer sur place après chaque cas, si on veut arriver à supprimer cette redoutable maladie. *(Voir moyens préventifs.)*

III. — Phthisie.

Passons à la phthisie, cette autre terrible maladie qui fait en France 160,000 victimes par an et fait exempter environ un quart des jeunes gens appelés sous les drapeaux. Elle fait encore à Saint-Ouen de grands ravages et pour s'en assurer il n'est besoin que de jeter un coup d'œil sur les bulletins de décès. Il est prouvé que cette maladie est due comme la fièvre typhoïde à un infiniment petit qui se trouve surtout dans les crachats de phthisiques (il faut 5 milliards de ces microbes pour faire un centimètre cube) cette infinie ténuité explique que les germes peuvent être emportés par le moindre courant d'air, ne demandant pour germer qu'un terrain prédisposé par la misère, des rhumes répétés, mauvaise nourriture, mauvais logements et il est de toute nécessité de les détruire avant qu'ils se soient répandus dans l'air que nous respirons. La mortalité phthisique est plus considérable dans les villes et particulièrement à Saint-Ouen où les gens venus de la campagne, où les émigrants venus du grand air, vivent dans des conditions déplorables d'hygiène, où les mauvaises habitudes, le manque de travail, les variations des salaires, la cherté des vivres, les plongent dans la misère et la maladie. Un médecin nous a cité le cas d'une famille composée du père, de la mère et de deux enfants complètement éteinte par la phthisie et la méningite tuberculeuse, maladie de même nature. Une famille bretonne, composée du père, de la mère et de quatre enfants, a tous ses membres atteints ; une fillette de dix ans est morte phthisique, le père et la mère sont malades et les trois enfants qui restent sont scrofuleux. Les Limousins, les Bretons, les Alsaciens-Lorrains sont ceux qui sont le plus frappés, par cela même qu'ils sont les plus émigrants. Dans les milieux malsains et encombrés où ils vivent, il faut tenir grand compte aussi des dangers de contagion si facile chez les gens épuisés.

IV. — Maladies contagieuses en général.

Il ne faut pas croire qu'il n'y ait que cette infection qui frappe, sous forme épidémique, un grand nombre d'individus à la fois comme le choléra, la variole, la fièvre typhoïde, mais il est indispensable de savoir qu'un très grand nombre de maisons de Saint-Ouen, sont dans un état continuel d'infection et que si cette infection frappe un des membres de la famille, il s'établit entre les différents membres une contagion qui les frappera tous. La rougeole, la scarlatine, la variole, la diphthérie ou croup, s'observent de préférence dans les maisons malsaines où les habitants sont entassés et dans de mauvaises conditions de régime. D'une atmosphère saturée de germes résultent des maladies pour toute une famille ou bien l'un des membres sera atteint et la maladie fera des ricochets sur les autres membres. Il est notoire que les épidémies frappent surtout les maisons et les logements insalubres, les quartiers et rues sans égouts et sans eau, mais le danger de l'insalubrité des maisons n'existe pas seulement au point de vue épidémique et contagieux, il existe encore à l'état permanent. Si la rougeole, qu'un préjugé considère comme bénigne et qui est au contraire une cause de grande mortalité dans les classes ouvrières, si la fièvre typhoïde, la variole, la scarlatine, la diphthérie, enfin toutes les maladies contagieuses de nos climats, font dans les maisons malsaines des ravages considérables, bien considérable aussi est le nombre de pauvres gens qui meurent d'anémie, d'étiolement, d'épuisement faute d'air. Tous ces jeunes gens frêles, mal venus que les conseils de revision ajournent ou exemptent pour faiblesse de constitution, exiguïté de taille, bronchite chronique, rhumatisme et maladie du cœur, sont nés et ont vécu pour la plupart dans des logements insalubres. Il est vraiment urgent d'arrêter cette mortalité terrible et journalière, cet étiolement qui déciment les populations ouvrières.

V. — Moyens préventifs.

Nous sommes arrivés à la partie pratique, utilitaire de nos instructions et pour arriver à dire ce qui nous a paru le plus facile, le plus efficace à faire dans l'état de notre législation sanitaire actuelle, beaucoup trop pauvre malheureusement, nous avons consulté les codes sanitaires des différents pays. Il faut avouer que nous sommes bien en deçà de ce qui se fait dans certains pays. Presque partout des sanctions pénales sévères contre tout contrevenant. En France, rien, tandis qu'aux États-Unis, le *Conseil National de Santé* poursuit aussi sévèrement que des assassins ceux qui cherchent à dissimuler des cas contagieux, notamment les cas de variole. En France, dès le moyen âge, il y a eu et il y a encore des lois très sévères pour la désinfection des écuries, des étables, des voitures contaminées par des animaux malades. Il est interdit de mener sur les marchés et les routes publiques les animaux atteints de maladies contagieuses. Mais au point de vue humain, il n'existe aucune loi prescrivant l'isolement des malades et des désinfections rigoureuses. Un scarlatineux, un rougeoleux, un varioleux en pleine desquamation, c'est-à-dire au moment où la maladie est la plus contagieuse, peut circuler librement et propager la maladie autour de lui. L'un de nous se souvient d'avoir voyagé toute une journée en wagon avec un varioleux dont le visage était couvert de croûtes. Si une maladie contagieuse éclate dans une maison, les parents ne sont pas tenus d'en faire la déclaration et après la guérison ou le décès, le plus souvent, ils n'ont pris aucune mesure de désinfection ; les vêtements peuvent être vendus, et les hôteliers peuvent louer une chambre immédiatement après le départ ou le décès d'un locataire atteint d'une maladie contagieuse. La collectivité a le droit incontestable de se protéger contre l'imprévoyance et l'incurie d'un seul. Il ne peut être question d'atteinte à la liberté individuelle, si une loi et des mesures préventives interviennent pour assurer la santé générale, pas plus que lorsqu'il est défendu d'atteler un cheval morveux, de mener un mouton charbonneux au marché, ou qu'il est interdit de laisser revenir à l'école les enfants avant que les médecins aient jugé tout danger de contagion disparu. Les hommes sont moins protégés que les chevaux et les moutons et il faut que les municipalités prennent sans hésitation et sans crainte des mesures pour réglementer cet état de choses déplorable, tant qu'une loi générale d'hygiène n'aura pas été promulguée. C'est leur droit strict, c'est une question de salut général, devant lesquels toutes les volontés particulières doivent s'incliner. Nous ne serons pas les seuls à prendre ces mesures, les municipalités de Marseille, du Havre, de Reims ayant déjà fait d'excellentes réformes.

Les moyens que nous proposons n'inquiéteront ni ne froisseront la population, car tout le monde a plus d'esprit même que Voltaire, et chacun comprendra l'utilité d'une défense contre les maladies auxquelles nous sommes tous exposés. Dans tous les cas, nous aurons toujours fait notre devoir. Les moyens préventifs se divisent :

1° En moyens particuliers consistant en conseils à la population par voie d'affiches, de brochures, conseils et moyens que tout père de famille a le devoir d'appliquer chez lui;

2° En moyens énergiques ou généraux dans lesquels il faut mettre la désinfection obligatoire. Mais avant d'aborder ces deux classes de moyens, il faut savoir *(et nous insistons particulièrement sur ce point!)* que toutes les maladies contagieuses dont nous donnons un tableau à la fin de cette brochure, sont tributaires des mêmes moyens et qu'en détruisant par la désinfection le germe de la fièvre typhoïde par exemple, on détruit également d'une façon aussi sûre les autres germes contagieux qui se trouvent dans un appartement, dans la literie, les hardes, etc. Voilà donc le côté essentiellement pratique de la désinfection obligatoire, côté tellement efficace qu'en 1884, il ne s'est pas reproduit de cas de choléra dans les locaux désinfectés avec soin après un premier cas.

1° Moyens particuliers.

Fièvre typhoïde. — 1° Nous conseillons aux habitants de *ne boire que des eaux bouillies, surtout au moment des cha-*

leurs, la filtration n'étant pas suffisante pour détruire les germes. Il sera bon, après l'ébullition, d'aérer l'eau en la battant pendant trois ou quatre minutes avec un balai de joncs.

2° Il est nécessaire de bien aérer les appartements.

3° Les patrons, les commerçants, ne feront pas coucher leurs employés dans des chambres sans air et encombrées, ce qui expose les personnes à la contamination et ce qui se voit trop souvent.

4° Éviter les excès qui débilitent et prédisposent à toutes les maladies.

5° *Les locataires qui souffrent de mauvaises odeurs venant des latrines, exigeront des réparations et des désinfections; en cas de refus des propriétaires ou gérants, ou concierges, ils devront s'en plaindre à la Commission des logements insalubres qui siège à la Mairie et qui est suffisamment armée pour cela.*

6° *En cas de maladie, désinfecter les matières et toutes les déjections des malades, les vases, les latrines, les linges, au moyen des désinfectants mentionnés à la fin de la brochure;*

7° *Après la guérison ou le décès, réclamer à la Mairie une désinfection de l'appartement, désinfection qui sera faite par les hommes dressés à ce service et qui sera à la charge de la commune si les réclamants sont pauvres.*

PHTHISIE. — *L'agent contagieux réside dans les crachats et les mesures à prendre contre cette maladie sont les suivantes* :

1° *On devra soigner tout rhume, toute bronchite, les rhumes négligés prédisposent à la maladie;*

2° *Si on se trouve en contact avec un phthisique il faut bien se nourrir, éviter les excès, coucher autant que possible dans une autre chambre que celle du malade et ne jamais partager son lit;*

3° *Les crachats ne doivent être projetés ni sur le sol, ni sur les linges où ils sèchent et se transforment en poussières dangereuses. — Les malades cracheront dans des vases contenant de la sciure de bois et ces vases seront vidés une fois par jour et lavés à l'eau bouillante. Leur contenu sera jeté au feu et brûlé.*

Dans les grandes agglomérations (écoles et ateliers) les pa-

trons et instituteurs devront veiller à l'application de ces mesures ;

4° En cas de location d'une chambre garnie longtemps habitée par un phthisique, et surtout après décès, il sera nécessaire de désinfecter au soufre les chambres et la literie. — Les vêtements des malades ne seront utilisés par d'autres personnes qu'après avoir été lessivés ou désinfectés.

2° MOYENS ÉNERGIQUES OU DÉSINFECTION OBLIGATOIRE.

Ce sont ceux qui ont le plus de valeur et que nous appliquerons toutes les fois que l'occasion s'en présentera, mais il faut ici entrer dans quelques détails pour que les particuliers puissent aussi s'en servir, ce que nous les engageons vivement à faire après chaque cas de maladie contagieuse.

La désinfection au soufre est de toutes les désinfections la moins coûteuse et la plus efficace. Les expériences sont concluantes à cet égard. Les vapeurs sulfureuses pénètrent dans les fentes, les joints, les interstices, la literie, les hardes ; du même coup on désinfecte l'appartement et tout ce qui y est contenu. Le degré de pénétration ne laisse rien à désirer et les conclusions qu'on peut tirer des expériences sont :

1° *La désinfection des appartements privés, des écoles, etc., se fait rapidement, à bon marché et sans inconvénients pour les meubles, la literie, les vêtements ;*

2° *Le soufre sublimé ou en canon est un produit peu coûteux qu'on fait brûler sur des plaques de tôle ou de fonte ou dans de grands vases évasés qu'on isole du plancher par un lit de sable ou de terre d'une épaisseur et d'une étendue convenables. On activera la combustion du soufre en l'arrosant avec de l'alcool ou en l'entourant de petits copeaux de sapin.*

3° *Il est indispensable avant toute fumigation de boucher toutes les ouvertures et le contact des vapeurs doit durer 15 heures.*

4° *La quantité à brûler par mètre cube est de 30 grammes.*

Quand et comment appliquera-t-on la désinfection obligatoire ?

Toutes les fois qu'il arrivera à la Mairie un bulletin de décès portant la mention d'une maladie contagieuse, une équipe de désinfecteurs se rendra à l'adresse indiquée sur le bulletin immédiatement après la levée du corps. Mais cela ne suffit pas encore, car tous les malades contagieux ne succombent pas, bien heureusement, et la maladie n'en reste pas moins contagieuse ! En cas de guérison, il sera fait appel aux médecins du bureau de bienfaisance et à leurs collègues pour qu'ils signalent à la Mairie tous les cas qui leur paraissent entraîner des dangers pour les parents et les voisins. Aucune exception ne sera faite et la maison du riche comme celle du pauvre sera soumise à la précaution générale.

Une objection qui est la suivante se présente : les pauvres nous diront très justement, mais comment voulez-vous nous priver de notre logement pendant 15 heures ! Il est facile de répondre à cette objection fort sérieuse : il est aménagé à la Mairie un local convenable avec lits de camp, couvertures, des lavabos, du feu pendant l'hiver pour recevoir les familles privées de leur logement pendant la durée de la désinfection. Il est ainsi donné satisfaction à la prophylaxie générale et à la nécessité particulière.

TABLEAU des maladies contagieuses tributaires des précautions sus-indiquées.

Fièvre typhoïde.	Diphthérie (angine couenneuse et croup.)
Phthisie pulmonaire ou laryngée	Gastro-entérite des enfants en bas âge.
Choléra.	Oreillons.
Variole et varioloïde.	Coqueluche.
Scarlatine.	Maladie des femmes en couche.
Rougeole.	Erysipèle.

TABLEAU des désinfectants les plus usuels et les moins coûteux avec leur prix.

On désinfectera les linges en les faisant bouillir, en les lessivant dès qu'on s'en sera servi.

Les vases seront désinfectés avec des solutions de chlorure de zinc, de sulfate de cuivre ou de sulfate de zinc à 15, à 30 grammes pour un litre d'eau. Le désinfectant le plus actif est le chlorure de zinc.

— 16 —

L'acide sulfurique à 50 grammes pour un litre d'eau est un excellent désinfectant. On peut se servir aussi de l'acide chlorhydrique à 5 0/0. Il est toujours bon de verser à l'avance un verre de désinfectant dans les vases du malade.

On désinfectera les cabinets et les fosses avec un mélange à parties égales de sulfate de cuivre et de sulfate de fer ou en y projetant du chlorure de chaux.

Par kilogramme.

Chlorure de zinc.	75 centimes.
Acide sulfurique.	20 id.
Acide chlorhydrique	20 id.
Sulfate de cuivre.	40 id.
Sulfate de zinc.	30 id.
Sulfate de fer.	15 id.
Chlorure de chaux	40 id.
Soufre en canons.	30 id.
Id. en fleurs.	30 id.

1er décembre 1887.

PARIS — IMP. CHAIX, RUE BERGÈRE, 20. —